Fiorella GIOVANNI

Ecrivain et Photographe depuis 1993

15 thèmes photographiques

du romantisme à Venise et Paris à l'abstrait en passant par les chats

Spécialiste de Venise

PARIS, MA VISION

de 1962 à 2010

Suivi de

Les chats du Marais et les animaux de Paris

Photographies et commentaires de l'auteure

France Libris

Autres titres de l'auteure,

Le Voyage à Venise, 1999

Anecdotes Italiennes, 2000

Articles sur Venise pour des sites web spécialisés sur Venise et l'Italie, 2002 et 2003

Un Chat à Venise, 2010

Dialogue avec Minette, 2009, nouvelle version 2012

Les Chats - I Gatti, Juillet 2014

Partiellement bilingue français-italien : au quotidien avec Yvette le chat, Minette, Ramsès et les Loulouttes. Le chat : la vision de l'auteure, histoire du chat. Hommages à des écrivains célèbres inspirés par leur chat. Anecdotes autobiographiques félines. Un Chat Parisien à Venise et histoires de chats vénitiens.

Mes Chats, Avril 2015

50 portraits photographiques : Yvette le Chat, Ramsès, Minette et des chats de Venise.

Travail Photographique de l'auteure

15 thèmes du romantisme à Venise et Paris à l'abstrait
en passant par les chats.

Ce travail fait l'objet de donations auprès de collections d'instituts culturels (Bibliothèques, Archives Nationales ou Départementales, collections privées, Fondations et musées (France, Italie, Belgique, Usa).

Les photographies présentées dans ce livre, propriété personnelle de l'auteure, sont protégées par Copyright et soumises à la législation française sur les droits d'auteurs et la propriété intellectuelle. Leur utilisation nécessite son accord et un contrat signé entre l'utilisateur de ses œuvres et elle-même.

Consultation du travail de l'auteure,

Tous ces/ses documents, écrits ou photographiques, création de l'auteure, sont visibles sur papier en salle de lecture et sur les banques de données des instituts les ayant acceptés (France, Italie, Belgique, Monaco, Hollande, Canada, Usa).

Contact auteure et éditrice : giovanni-fiorella@orange.fr

Photographies anciennes

de 1962 à 1975

© Fiorella Giovanni

Paris 1962, Quai des Célestins : à l'époque, voitures et péniches stationnaient près de la Seine face au quai d'Anjou de l'ile st Louis. La voie express n'existait.

© Fiorella Giovanni

Paris 1962, Depuis le pont de la Tournelle, Notre-Dame de Paris. Les voitures stationnaient en contrebas du quai Montebello.

Paris 1973, Quartier latin : affiches rue st André des Arts. La vie facile, l'Inde ... des messages de ces année-là.

Paris 1973, Notre-Dame de Paris et des guirlandes végétales. Elles n'existent plus.

© Fiorella Giovanni

Paris 1973, La Place Fürstenberg, toujours la même encore actuellement.

Paris 1973, Place st André des Arts : la bouche de métro Saint Michel, la guérite du vendeur de billets de la Loterie Nationale, la boutique du cordonnier et le café St André.

Paris 1973, Place st André des Arts : le marchand de journaux, le cordonnier, la bouche de métro, une Renault 8 cabossée, une dame en bottes blanches à la mode.

Paris 1973, en hiver. Le chevet de Notre-Dame de Paris derrière le squelette des arbres. Un réverbère très parisien. L'une des plus belles vue du Paris historique depuis le Quai d'Orléans sur l'ile st Louis.

Paris 1973, Le restaurant Friterie de la rue Galande et une DS blanche de l'époque.

Paris 1973, Colonne Maurice et programmes de spectacles au coin des boulevards st Michel et st Germain.

Paris 1973, La librairie Shakespeare & Co. et le restaurant du Petit Châtelet sur la rue de la Bucherie, face au côté sud de la Préfecture de Police et de Notre-Dame de Paris.

Paris 1973, Quartier st Michel - st Séverin : des pantalons pattes d'éléphant à la mode rue Xavier Privas.

Paris 1973, Quartier st Michel - st Séverin : les gargouilles de l'église st Séverin s'élancent dans l'espace.

Paris 1975, Long couloir à la station Montparnasse.

Paris 1975, Quartier st Michel. En passant rue st Séverin.

Dans le centre de Paris

Paris 2010, Nuit sur le quai Montebello : l'Institut du Monde Arabe et le restaurant La Tour d'Argent.

Paris 2004, Depuis le bus 27, Place du Châtelet et Théâtre de la Ville.

Paris 2004, Depuis le bus 38, sur boulevard st Michel, devant le Palais de Justice.

Paris 2004, Attirés par Paris-Plage en contrebas du Quai de l'hôtel de Ville.

Paris 1993, Promenade du dimanche au printemps près du pont neuf.

Paris, décembre 2009, Sortie du métro Place de l'Opéra. Touristes et parisiens.

Paris décembre 2009, Que de marches pour sortir du métro Place de l'Opéra !

Paris décembre 2009, Métro, tourisme et Opéra Garnier.

Paris décembre 2009, Lumineux reflets à l'Opéra Garnier.

Paris 2004, A Montmartre.

© Fiorella Giovanni

Paris 1997, Depuis le restaurant du magasin de la Samaritaine.

Paris 2009, Kiosque sur la rue st Antoine, entre St Paul et la Place de la Bastille.

Paris 2009, Pause bavardages au jardin.

Paris 2006, Flaque d'eau et reflet de réverbère au square de Notre-Dame de Paris.

Paris 1993, Pont Neuf et bateau mouche sur la Seine.

Paris 1993, Sur la Seine et l'ombre du parisien.

Paris 2010, Noël dans le Marais, rue des Archives.

Paris 2007, Noël sur les Champs Elysées.

Paris 1993, Noël rue de la Paix.

Paris 2008, Noël à la Tour Eiffel.

Paris 1993, Affiches de spectacles rue Monsieur le Prince dans le quartier latin.

© Fiorella Giovanni

Paris 2009, La Tour Eiffel en fête.

Paris 1993, Traversons le boulevard Sébastopol. Certains vont vers le Centre Pompidou, d'autres vers Châtelet-les-Halles.

Paris 1993, On y va ! Mais où ?

© Fiorella Giovanni

Paris 2009, Saint Paul veille sur les parisiens.

Paris 2009, Affluence habituelle au métro st Paul.

Paris 2009, métro St Paul, lieu de rendez-vous de jour comme de nuit.

Paris 1997, Fenêtres, toits et cheminées de Paris.

Paris 1993, Toits et cheminées dans Paris centre.

Paris 2010, Au marché de la Bastille.

Paris 2009 en hiver, Des arbres aussi dans la ville.

Paris 1993, Elle arrive !

Paris 1993, La circulation au Pont Neuf.

Paris 2010, Marchons vers Notre-Dame de Paris.

Paris 2010, Marchons vers l'ile st Louis.

Paris 2010, Reflets 1, au café.

Paris 2010, Reflets 2, au café.

© Fiorella Giovanni

Paris 2010, Près du métro Bastille, l'épicier.

Paris 1998, Un village dans Paris ?

Paris 2004, Sortons au grand air. Décor de Guimard : copie ou original ?

Paris 2010 en été, Sur la Place des Vosges.

Paris - Ile st Louis 2004, L'été suspend la foule.

Paris 2004, Cierges et prières.

Paris 2009, Un carrousel vénitien.

Paris 1996, Dans le 4e arrondissement : Place parisienne ou scène de théâtre ?

Paris 1996, Une place dans le 4e : le rideau s'est refermé sur la scène.

Paris 2010, Près du Pont Sully. Orientons-nous dans le Vieux Paris.

Paris 2009, Un samedi, entre Châtelet-les-Halles et le plateau Beaubourg.

Paris 2002, Tradition au jardin du Luxembourg.

Paris 2002, Pause au jardin du Luxembourg.

Paris 2002, Colonnade et massifs au jardin du Luxembourg, côté Sénat.

© Fiorella Giovanni

Paris 1994, Quartier st Michel-st Séverin : venez déjeuner chez moi !

Paris 2008, A la Gare de Lyon.

Sur la Place des Vosges
et dans le quartier du Marais

Paris janvier 2009, Ombres en hiver, Place des Vosges.

Paris janvier 2009, Contrejour et neige sur le jardin royal.

Paris janvier 2009, Contrejour et décor historique neigeux sur la plus belle place de Paris.

Paris janvier 2009, ombre sur la neige au jardin.

Paris janvier 2009, ombre oblique et neige.

Paris janvier 2009, Alignements parallèles et perpendiculaires et ombre de la photographe.

Paris janvier 2009, Contrejour, neige et pigeons.

Paris janvier 2009, Promeneurs, bancs, arbres d'hiver, neige et soleil.

Paris janvier 2009, Contrejour Place des Vosges : promeneurs, entre alignements parallèles et présences perpendiculaires. Géométrie.

Paris janvier 2009, Arcades et architecture du XVIIe siècle. Neige sur l'ancienne Place Royale. Géométrie de lignes parallèles et perpendiculaires.

Paris janvier 2009, Les pavillons du XVIIe siècle de la place voudraient se cacher derrière les branches de l'hiver.

Paris janvier 2009, Une entrée du jardin sur la place.

Paris janvier 2009, A travers les grilles du jardin. Géométrie très perpendiculaire.

Paris janvier 2009, Sur la Place des Vosges : passants et voitures sur époque historique.

© Fiorella Giovanni

Paris 2010, Une fontaine du jardin.

Paris 2010, Les pavillons du XVIIe siècle se cachent derrière les arbres de l'été.

Paris 2010, Un mur latéral de pavillon sur la rue de Béarn. Palais de pierre ou prison ?

Paris 2010, Pause en été. Beauté ombragée.

Paris 2010, Reflet 1, Place des Vosges.

Paris 2010, Reflet 2, Place des Vosges.

Paris 2010, Entre rue des Francs Bourgeois et rue Vielle du Temple. Passage proche de lieux raffinés et connus. Contraste.

Paris 2010, Au cœur du Marais, passage sur la rue des Francs Bourgeois.

Paris 2010, Passage sur la rue des Francs Bourgeois.

Paris 2010, Jardin paisible entre boulevard Beaumarchais et rue de Turenne.

Paris 2010, Cour-jardin rue de Turenne. Quiétude.

Paris 1999, Depuis une verrière de l'église st Gervais.

Paris 1993, Quai de l'Hôtel de Ville et rue des Barres, derrière l'église st Gervais.

Paris janvier 2009, A l'Hôtel de Sully : l'orangerie. Des chants d'oiseaux accompagnent la paix du lieu, entre Place des Vosges et rue st Antoine.

© Fiorella Giovanni

Paris 2010, Nuit sur la petite Place sainte Catherine.

Paris 2010, Nuit sur la rue Charlemagne et l'enceinte de Philippe Auguste.

Paris 2010. Nuit dans le Village st Paul.

Paris 2010, Silence au jardin rue Payenne.

Paris 2009, Vigne vierge à l'automne, côté jardin.

Paris 2009, Reflet d'automne et vue sur jardin.

Paris 2009, Vue paisible au centre de Paris.

Paris 2009, Travailler, vue sur jardin, en plein Paris.

Paris 2009, Province ou Paris ?

Architecture contemporaine

Le Louvre

Le Forum des Halles

Le Centre Pompidou

La Bibliothèque Nationale de France Mitterrand

La Défense

La Gare de Lyon

La Cinémathèque de Paris

L'Opéra Bastille

L'Institut du Monde Arabe

La Cité des Sciences

La Fondation Cartier

Paris - le Louvre 2010, La pyramide inversée au carrousel du Louvre.

Paris - le Louvre 1995, 3 soleils dans la pyramide inversée du carrousel du Louvre.

Paris - le Louvre 2010, Géométrie 1 sous la pyramide de Pei.

Paris - le Louvre 1995, Géométrie 2 sous la pyramide de Pei.

Paris - le Louvre 1995, En partance ou à l'arrivée, sous la pyramide de Pei.

Paris - le Louvre 2010, Géométrie 3 sous la pyramide de Pei.

Paris - le Louvre 1993, Nuit et illumination à la pyramide de Pei.

Paris - le Louvre 2004, Admiration géométrique.

Paris - le Louvre 2004, Eaux jaillissantes.

Paris 1994, Au Forum des Halles : carrousel vénitien, architecture contemporaine et architecture haussmannienne.

Paris 2004, Profil du Centre Pompidou. Armatures, tubes, métal. Des humains, des oeuvres d'art, une immense bibliothèque.

Paris 1994, Centre Pompidou. Cohabitation obligée d'architecture contemporaine et ancienne dans le Marais.

Paris 1994, Centre Pompidou, tube escalator vers la bibliothèque.

Paris 1993, Centre Pompidou, rez-de-chaussée. Un décor n'existant plus.

Paris hiver 2009, Bibliothèque Nationale de France Mitterrand. Géométrie perpendiculaire.

© Fiorella Giovanni

Paris hiver 2009, Arbres dépouillés et architecture actuelle.

Paris hiver 2009, Bibliothèque Nationale de France Mitterrand et squelettes végétaux.

Paris la Défense 1995, Depuis la Grande Arche.

© Fiorella Giovanni

Paris Gare de Lyon 2009, Nouveaux espaces.

Paris Parc de Bercy 2009, La Cinémathèque Française. Façade et géants sculptés dans du verre.

Paris 2010, Nuit sur l'Opéra Bastille.

© Fiorella Giovanni

Paris 2010, Nuit sur l'Institut du Monde Arabe et le pont Sully : architecture contemporaine intégrée dans celle du vieux Paris.

Paris 1993, Contrejour à l'entrée de l'Institut du Monde Arabe.

Paris 2010, Nuit sur l'Institut du Monde Arabe.

Paris 1996, Contrejour sur la Cité des Sciences.

Paris 2006, Transparence et jardin à la Fondation Cartier.

L'ile st Louis

et Notre-Dame de Paris

Paris 2010, Nuit depuis le Pont Marie sur l'ile st Louis, le quai Bourbon et un escalier.

Paris 2010, Le Pont Marie et un escalier sur le quai Bourbon.

Paris 1994, Fin d'après-midi sur les tours de Notre-Dame. Pointe de l'ile st Louis et ile de la Cité.

Paris 2010, Pique-nique en été à la pointe de l'ile st Louis.

Paris 1993, Quai d'Orléans. Squelettes de la nature hivernale et chevet de Notre-Dame de Paris.

Paris 2004, Flânerie sur le quai d'Orléans.

Paris 1993, Une Dame blanche sur le quai d'Orléans. Impressionnisme naturel des feuilles d'automne.

Paris 2010, Un escalier sur le quai. Descendons vers les arbres et la Seine. Une vue très différente du paysage vous attend.

Paris 2008, Sur le quai d'Orléans dans la douceur d'un jour d'été.

© Fiorella Giovanni

Paris 1993, Répétition sur le quai d'Orléans.

Paris 1994, Escalier, arbre de l'hiver et ombre du réverbère, quai Bourbon.

Paris 2010, Décor éphémère sur le quai Bourbon.

Paris 2010, Nuit sur le quai d'Orléans et Notre-Dame de Paris.

© Fiorella Giovanni

Paris 2010, Du Marais à l'ile st Louis : le pont de l'architecte Marie.

Paris 2010, Nuit à l'angle de la rue st Louis en l'ile et du quai d'Orléans.

Paris 2010, Quai Bourbon, la maison-atelier de Camille Claudel.

Paris 2010, Nuit sur le quai d'Anjou.

Paris 2010, Pointe de l'ile st Louis. Un passant, un arbre, un réverbère.

Paris 2010, La pointe de l'ile st Louis et son réverbère.

Paris 1994, Conversation à la pointe de l'ile.

Paris 2010, Une vue particulière de la photographe.

Paris 2010, La pointe de l'ile st Louis et l'église st Gervais.

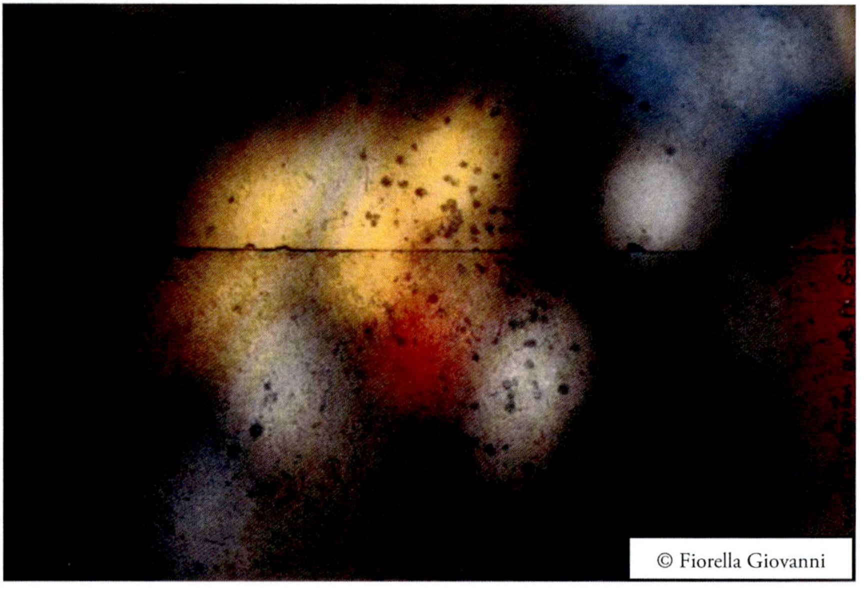

Paris 1999, Reflet de vitrail ancien sur le sol de l'église st Gervais.

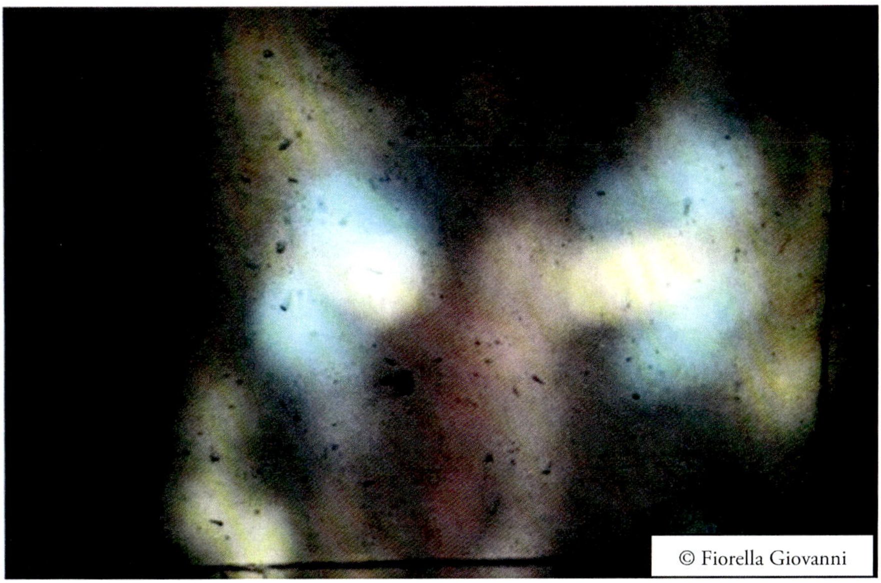

Paris 1999, Reflet de vitrail ancien sur le sol de l'église st Gervais.

© Fiorella Giovanni

Paris 2010, Nuit sur le quai Montebello et Notre-Dame de Paris.

Paris 2004, Neige et bouquinistes sur le quai Montebello, face au côté Sud de Notre-Dame de Paris.

Paris Mai 2008, Chevet de Notre-Dame de Paris et roses.

Paris 2004, Couleurs d'automne au portail st Etienne sur le square de Notre-Dame de Paris.

Paris 1999, Au pied de Notre-Dame de Paris, après la tempête, le diable tape ses dernières nouvelles sur son ordinateur ...

Paris 1994, Fin du jour sur Notre-Dame de Paris.

Paris 2010, Nuit sur la galerie des rois de la cathédrale.

Paris 2010, Trinité lumineuse.

Suivi de :

Les chats du Marais et les animaux de Paris.

Paris 1994, Carlo-Vivaldi, un descendant des chats royaux du Marais vous parle : dans mon logement du XVIIe siècle, allongé sur mon canapé rouge, j'écris mon livre "Un Chat à Venise". Je décris et raconte les petits coins authentiques de la ville posée sur l'eau. J'y ai séjourné avec Fiorella pendant carnaval. Elle connait parfaitement sa ville d'adoption.

© Fiorella Giovanni

Paris 1994, Depuis la hauteur de l'escalier menant à mon bureau, j'observe les toits du quartier, les oiseaux. J'aime vivre dans ce superbe décor et son atmosphère historique. Voici Venise sans les canaux.

© Fiorella Giovanni

Paris 1994, Carlo-Vivaldi en pause douceur moquette avant de reprendre son métier d'écrivain.

Paris 2005, Je suis le chat du presbytère de Notre-Dame de Paris. Je vis dans le calme au jardin et vous regarde passer dans le square de l'Archevêché, vous les parisiens et vous les touristes. Intéressant.

Paris 2009, Je suis le chat royal du Marais dans ma cour historique. Un quartier sauvegardé. Mon serviteur me nourrit et me brosse tous les jours. Une vie paisible, loin des voitures et de l'agitation citadine.

Paris 2009, Vous pensez que je n'ai qu'un œil ?

Paris 2009, J'ai deux yeux évidemment !

© Fiorella Giovanni

Paris 2010, Je me présente, je suis Minette, Reine du Marais. Je surveille les oiseaux posés au jardin. Fiorella et moi reprenons notre travail sur l'ordi après la pause.

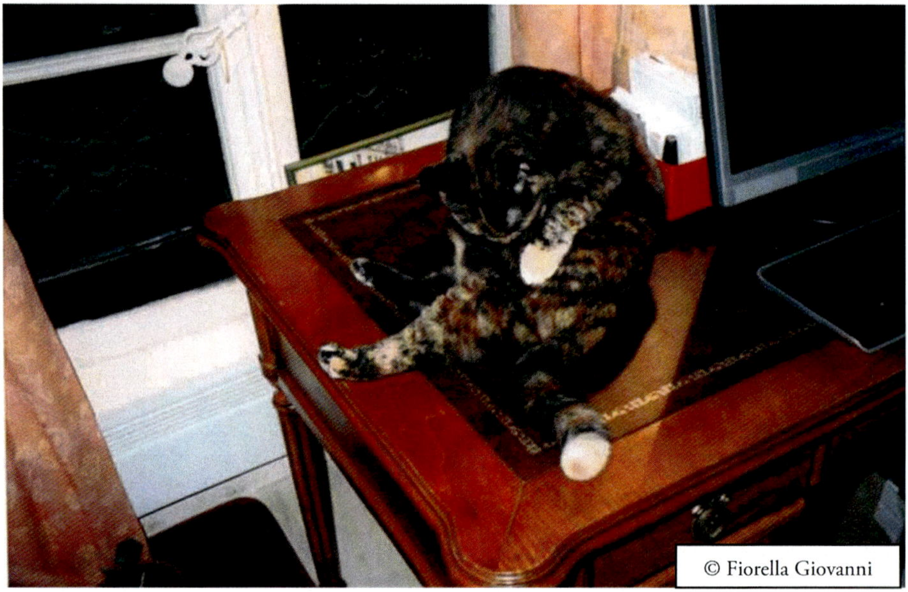

Paris 2010, La Reine du Marais à la toilette.

Paris 2010, J'habite le quartier royal et j'aime les oeuvres d'art anciennes. Je ne me lasse pas de leur beauté !

© Fiorella Giovanni

Paris 2010, Je suis en hauteur et fais ce que je veux ! N'essayez pas de me déloger !

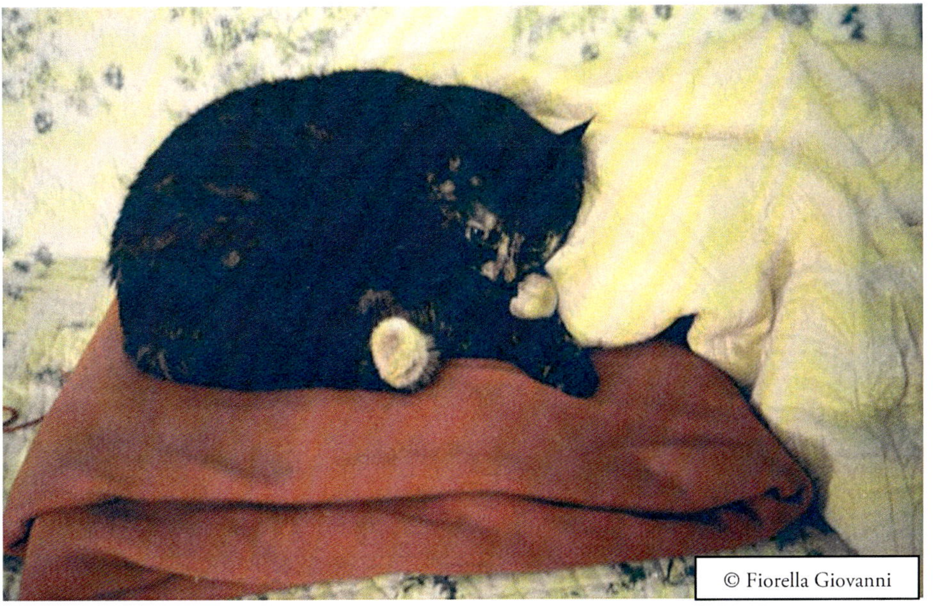

Paris 2010, Voici **mon** canapé royal.

Paris 2010, Minette, du Marais de Paris à la campagne.

Paris 2010, L'appareil photo m'intrigue beaucoup ...

Paris 2010, En ma qualité de chatte royale, mon plat est servi sur la table du salon. Je mange à la table, comme tout le monde !

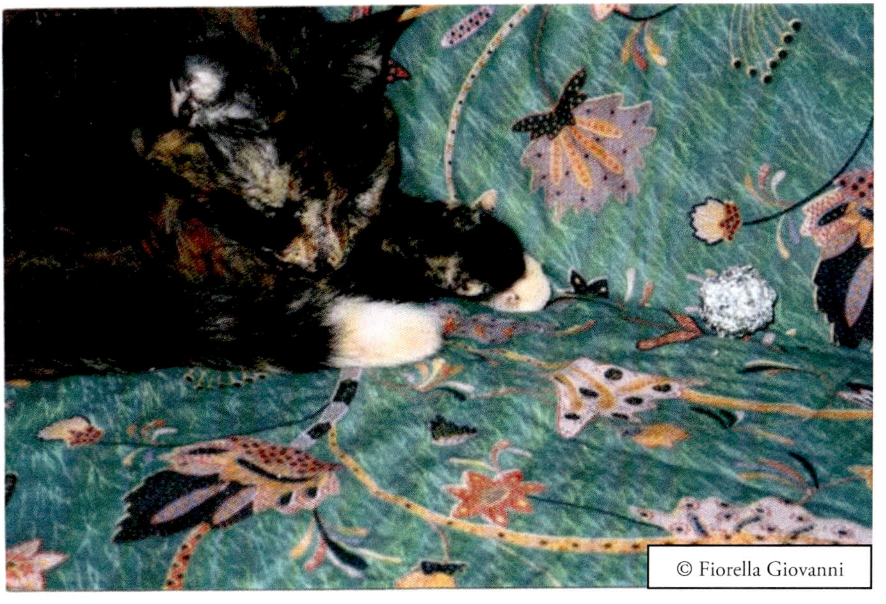

Paris 2010, Quelle fatigue de vivre à Paris !

Paris 2010, Trouverez-vous ma tête ?

Paris 2010, D'autres chats du Marais.

Paris 2009, Ombre féline dans la capitale.

Paris 2009 en hiver, Promenade du chien dans le brouillard.

Paris 2009, Gentil le mouton (au Salon de l'Agriculture).

Paris 2009, Paris et tous ces gens nous fatiguent. On repart quand chez nous ?

Paris 2009, Le repos du mouton.

Paris 2009, Je pose pour toi Fiorella.

Paris 1993, Cheval de bois.

Paris 2009, Les animaux de Paris.

PARIS, MA VISION

de 1962 à 2010

Suivi de, Les Chat du Marais et les animaux de Paris

Photographies et commentaires de l'auteure

TABLE DES MATIERES

Photos anciennes de 1962 à 1975 7

Dans le centre de Paris 23

Sur la Place des Vosges et dans le quartier du Marais 77

Architecture contemporaine 115

Le Louvre 116

Le Forum des Halles 125

Le Centre Pompidou 126

La Bibliothèque de France Mitterrand 130

La Défense 133

La Gare de Lyon 134

La Cinémathèque de Paris 135

L'Opéra Bastille 136

L'Institut du Monde Arabe 137

La Cité des Sciences 140

La Fondation Cartier 141

L'ile st Louis et Notre-Dame de Paris 143

Les Chats du Marais et les animaux de Paris 177

Achevé d'imprimer
en juillet 2015
sur les presses d'**ICN**
64300 Orthez
Cité du livre